Théodore Roux

La conversion évangélique de John Wesley

Éditions Foi et Sainteté

Lenexa, Kansas (États-Unis)

978-1-56344-765-5

Originalement publié par Dépôt des Publications Méthodistes, 1937.

Réimpression 2013
par Éditions Foi et Sainteté
Lenexa, Kansas (États-Unis)
avec permission des Publications Méthodistes

Hommage de l'auteur

À la famille spirituelle de J. Wesley,

d'un fils reconnaissant.

*I*ntroduction

Les Méthodistes se préparent à commémorer, le 24 mai 1938, le bicentenaire de la conversion de John Wesley. Dans les pays de race anglo-saxonne et dans les pays de Missions, ce sera le sujet de grandes manifestations religieuses. L'on a déjà recommandé à ceux qui célébreront cet événement de ne pas glorifier l'homme, mais la grâce de Dieu dont il fut l'objet et dont il devint ensuite l'instrument ; d'en recueillir les leçons sans se laisser aller à dire sur lui et sur le Méthodisme des choses exagérées.

Il n'est pas probable que nous tombions dans ce piège. D'abord, parce que les circonstances nous en préservent, en-suite parce nous avons, plus d'autres, le sens critique et le sens des proportions. D'ailleurs, comment oublier le Maître « doux et humble de cœur » qu'a suivi et servi Wesley a eu des paroles sévères pour ceux qui, assis dans la chaire de Moïse, reniaient l'esprit de Moïse, sinon dans leur enseignement, du moins dans leur conduite ? ou l'apostrophe du Précurseur à l'adresse de ceux qui se flattaient d'avoir Abraham pour père ?

Mais la conversion de Wesley marque le moment précis où il devint un homme nouveau : le prédicateur de l'Évangile de l'amour divin, de la suffisance de la Grâce pour libérer l'âme, la régénérer. Ce fut l'expérience religieuse de ce jour-là qui lui donna le message et la méthode de piété qui furent les moyens d'action de son fécond ministère. À ce titre, elle se recommande à tout homme en détresse qui, sous le sentiment de sa folie, de sa déchéance ou de son impuissance, demande : « Que faut-il que je fasse pour être sauvé ? », comme à celui qui, tourmenté d'idéal et de réformes sociales, doit admettre que, pour atteindre le but, il faudrait pouvoir changer la nature humaine. La prédication et la discipline wesleyennes ont remis à sa vraie place l'antique promesse : « Je vous donnerai un cœur nouveau et je mettrai en vous un esprit nouveau », et en évidence la solennelle déclaration de Jésus : « Ce qui est né de la chair est chair et ce qui est né de l'Esprit est esprit. Ne t'étonne pas de ce je t'ai dit : Il faut vous naissiez de nouveau » ; ainsi que la conclusion de saint Paul : « Si donc quelqu'un est en Christ, il est une nouvelle créature ».

Que tout évolue, je le veux bien. Que des branches épuisées d'un arbre se dessèchent, tombent et soient remplacées par d'autres qui, un jour, subiront le même sort, cela me paraît être une loi du monde spirituel comme du monde matériel. Il me semble, cependant, que tant que l'homme sera ce qu'il est, il aura besoin d'être converti et d'être placé sous la discipline de l'Esprit pour devenir la nouvelle créature qu'il doit devenir. C'est justement dans la conversion et dans la création d'une atmosphère religieuse propice au développement spirituel des convertis, que le méthodisme wesleyen s'est montré le plus efficace.

C'est ce qui en fait le prix. Mais, s'il venait à faiblir sous ce rapport, son existence même serait en péril. Des organisations ecclésiastiques pourraient se maintenir un temps par leurs Déclarations de Foi, leurs particularités, leurs Traditions, alors que la vie spécifiquement religieuse se serait retirée d'elles. Le Méthodisme le ferait moins aisément et moins longtemps. Tout évangélique et tout théologique qu'il fût, malgré son immense talent de meneur d'hommes et d'organisateur d'œuvres, Wesley a moins donné à ses disciples une dogmatique à accepter qu'une foi à conquérir et à conserver, des expériences religieuses à faire, un témoignage à rendre, une règle de vie chrétienne. Cet héritage ne passe pas, tout naturellement, des parents aux enfants, comme l'héritage protestant, par exemple. L'esprit de Wesley est un rayon de la Grâce, un souffle de l'Esprit, une vie nouvelle qui s'échappe du cœur nouveau comme la lave d'un volcan. Que cette lave se refroidisse, qu'un nuage voile ce rayon, que l'atmosphère devienne lourde, et toute cette vie nouvelle est en danger. Peut-être, en essayant de marquer cela, suis-je tenté de trop appuyer ?

Je n'ai pas cru devoir charger cette brochure de *notes* précisant mes *sources*. Je me suis efforcé d'être strictement et historiquement vrai ; mais je flatte pas d'être un érudit en science wesleyenne. On trouvera en *Appendice* une liste d'ouvrages qui ont contribué, avec d'autres, à ma documentation, ainsi qu'à ma formation religieuse. Il n'est que juste de mentionner ici deux vieux amis : le *John Wesley* et *La théologie de Wesley* de Matthieu Lelièvre ; et un livre tout à fait récent du Dr Henry Bett, professeur de théologie : *The spirit of Methodism.* Je dois beaucoup à ces trois ouvrages.

—Th. R.

CHAPITRE PREMIER

*C*e qu'elle fut

On désigne ainsi la crise religieuse par laquelle passa John Wesley pendant sa mission en Géorgie et à son retour. Crise qui atteignit son plus haut degré dans la soirée du mercredi 24 mai 1738, au cours de laquelle, dit-il, « vers neuf heures moins un quart, en entendant la description qu'il fait (Luther) du changement que Dieu opère dans le cœur par la foi en Christ, je sentis que mon cœur se réchauffait étrangement. Je sentis que je me confiais en Christ, en Christ seul pour mon salut ; et je reçus l'assurance qu'il avait ôté mes péchés et qu'il me sauvait de la loi du péché et de la mort. » Cette expérience religieuse mit son cœur au large, l'enflamma de l'ardente conviction que l'amour de Dieu, manifesté en Jésus-Christ, devait être annoncé à tous les hommes et pouvait leur donner le pardon et la paix ; les délivrer de toute crainte et de la servitude du péché ; sanctifier l'âme et la vie de ceux qui s'y confient pleinement.

Je ne sache pas qu'on ait contesté ce dénouement de la crise spirituelle de Wesley, ni mis en question son influence capitale sur sa carrière. D'aucuns ont cependant jugé le terme « conversion » impropre. Wesley, ont-ils opposé, n'était-il pas déjà converti ? converti depuis une quinzaine d'années au moins ? Le fait est que le converti du 24 mai 1738 avait eu une piété précoce, au point que son père l'avait admis à la Cène au cours de sa neuvième année ; qu'il avait eu une jeunesse pure et religieuse, dont les ardeurs pieuses, mises en veilleuse pendant quelque temps, s'étaient réveillées, l'avaient détourné de la carrière universitaire, pour lui faire préférer le ministère pastoral, le pousser à partir comme missionnaire en Amérique, et surtout l'avaient retenu, de 1725 à 1738, c'est-à-dire depuis l'âge de 22 ans jusqu'à celui de 35, sous la discipline sévère qu'il s'était imposée, d'examens de conscience, de règles de vie strictes et de vraies mortifications. N'était-il pas croyant ? N'était-il pas chrétien, cet anglican qui récite le *Credo* avec conviction, qui communie toutes les semaines et parfois tous les jours, qui donne le peu d'argent qu'il a aux pauvres, visite les malades et les prisonniers ? C'est ce que nous disent des catholiques, compréhensifs et loyaux, mais portés, par leur formation même, à accorder plus d'attention au mysticisme, à l'ascétisme et au ritualisme de la jeunesse religieuse de Wesley qu'à l'enseignement évangélique de la justification par la foi. Ils s'étonnent que nous attachions une importance capitale à l'événement du 24 mai 1738. Des protestants, restés étrangers aux besoins impérieux de pardon, de délivrance et de certitude, en font autant pour d'autres raisons. Les uns et les autre verraient volontiers, dans cette date, une heure d'émotion religieuse intense, un bouillonnement que le temps se chargerait de refroidir. Ils conçoivent la vie religieuse comme une croissance spirituelle, une discipline, une évolution faite d'efforts accumulés, plutôt que comme un attachement à Christ, une création de l'Esprit, une nouvelle naissance, selon la révélation de Jésus à Nicodème.

D'ailleurs, Wesley n'a pas méconnu la piété de son enfance et de sa jeunesse ; ni ses efforts, aussi douloureux que persévérants, pour servir Dieu ; ni la foi qui l'avait inspiré et soutenu jusque-là. Et l'on ne peut pas dire que son genre de vie, de conduite morale, ait été changé par cet événement. L'adjectif « évangélique » qui suit le mot conversion en précise bien le caractère. Il a déclaré lui-même que le sens du pardon de Dieu, de la rédemption accomplie par le Sauveur, les assurances qui réjouissent et consolent, il ne les reçut que quand, désespéré de la stérilité de ses efforts, il se confia en Christ, en Christ seul, pour son salut. Après avoir cru que le salut est le résultat de l'acquiescement de l'esprit à ce que l'Église demande, il comprit qu'il est celui de la confiance dans les promesses de Dieu et dans le don de sa grâce en Jésus ; la réponse du cœur à l'amour divin.

J. Wesley a déclaré qu'avant cette crise mémorable, lui, qui était allé en Amérique pour convertir les autres, n'était pas converti ; qu'il avait alors « la foi d'un serviteur, non celle d'un fils » ; qu'il avait peur de mourir. « La foi qui me manque, a-t-il confessé, est une confiance assurée en Dieu que, par les mérites de Christ, mes péchés sont pardonnés et que je suis réconcilié… J'ai besoin de cette foi que nul ne peut avoir sans savoir qu'il la possède. » Il ne pouvait, jusque-là, comprendre que la foi puisse être une opération subite de Dieu en nous ; que la conversion puisse être, en quelque sorte, instantanée. Et voici que, dans cette petite assemblée de novembre, où il s'est rendu comme à contrecœur, pendant que quelqu'un lit un commentaire de Luther sur l'épître aux Romains, l'âme de Wesley est libérée, remplie de paix et de l'intime assurance que Dieu est puissant pour sauver pleinement ceux qui mettent leur confiance en Lui !

Qu'il y ait là un sujet de méditation pour les temps actuels et pour les Églises d'aujourd'hui, c'est très évident. On parle beaucoup de conversions et de convertis. Il faut s'en ré jouir ; rendre grâce à Dieu. Peut-on, toutefois, s'empêcher de se demander si nous n'entendons pas ces mots dans le sens où les entendaient ceux qui font remonter la conversion de Wesley à sa piété de jeune garçon ou, au moins, à sa détermination d'entrer dans le ministère pastoral en 1725 ? Et, qu'on me permette de m'exprimer nettement : je crois bien qu'il y a eu, à ces époques, un travail de l'Esprit dans son âme et un sincère don de soi-même à Dieu. Je relève et souligne seulement que c'est la grâce de 1738 qui lui apporta une consciente certitude que ses péchés étaient pardonnés, qu'il était un nouveau-né de l'Esprit, un enfant de Dieu ; qui fit de lui un homme nouveau. Il y a une différence, même très grande, entre la première et la seconde forme de conversion. La première fait des professant, des croyants, la seconde fait des enfants de Dieu, des membres du corps de Christ.

J'ai peur que nous perdions trop de vue cette expérience religieuse intime du salut ; que nous connaissions peu la joie qu'elle donne, la flamme sainte qu'elle allume, le renouvellement qu'elle apporte, l'œuvre de sanctification qu'elle commence. Je n'ai rien à dire contre la conversion qui est une orientation, une décision, une consécration. Certes non ! Mais je sais bien que les méthodistes des premières générations étaient exhortés à rechercher la grâce d'une expérience ferme, intime, du salut ; et que, s'en tenir à l'acceptation de la foi chrétienne, à une conduite ordonnée et disciplinée par la morale de l'Église, ne conduit souvent qu'à un résultat décevant pour l'âme ; qui n'est ni tout à fait heureuse, ni tout à fait délivrée, ni tout à fait entrée dans une vie nouvelle.

Il fut un temps où, chez les méthodistes, la conversion était présentée sous le double aspect que j'ai indiqué. L'homme qui ressentait le besoin du pardon de Dieu, d'un changement de cœur et de vie, était exhorté à croire en Jésus-Christ, dont la vie sainte, le sacrifice rédempteur avaient fait paraître l'amour de Dieu et apporté le pardon du Père. Cette façon de présenter la Bonne Nouvelle de la grâce avait pour effet de rendre plus poignante la repentance, en soulignant notre rébellion. Les promesses évangéliques répondaient alors plus directement et plus pleinement aux besoins de l'âme. Des cantiques du genre de : « Sur Toi je me repose », « Seigneur, tu donnes ta grâce », « Viens à Jésus, il t'appelle », « Viens, âme qui pleures », aidaient souvent les cœurs troublés à faire l'acte de foi au Dieu-Sauveur. Mais on n'en restait pas là ; comme à la porte du Royaume, ému d'y avoir accès, ébloui par la lumière qui venait de se lever, et tout surpris de la grave résolution qu'on venait de prendre. Il se trouvait toujours quelqu'un pour nous exhorter à demander le témoignage de l'Esprit (les textes bibliques ne lui manquaient pas), afin de devenir des chrétiens conscients de notre adoption comme enfants de Dieu, intimement assurés de notre salut et de la vie éternelle.

Pour faire bien comprendre cela, il faudrait presque créer l'atmosphère religieuse des temps de réveil, de leurs réunions de prière, de la fraternelle assistance que donnaient, par leurs exhortations et leurs témoignages, des chrétiens plus mûrs ou plus avancés. J'aurais peur, si j'essayais, de le faire avec plus d'émotion que de clarté. D'ailleurs, la vérité religieuse échappe toujours, de quelque manière, à nos descriptions ; et la piété de cette époque avait, comme celle du nôtre, ses déficits criants, j'en conviens. Mais qu'on me permette de laisser voir le fond de ma pensée : ces temps et ce procédé ont vu de nombreuses conversions authentiques, radicales. Ils ont produit des caractères chrétiens d'une trempe sûre, quelquefois fine, qui ont glorifié Dieu et l'Évangile, changé l'aspect moral et religieux de beaucoup de foyers, même de beaucoup de localités. Ce sont là des arguments impressionnants. Devant eux, on se recueille, on se souvient, on entend des voix ; quelquefois *la voix* de l'Esprit.

CHAPITRE II

Comment elle se produisit

Il est probable que si seulement une dizaine de convertis voulaient bien nous raconter, en toute simplicité, mais avec quelques détails, comment ils ont passé des ténèbres à la lumière, de l'indifférence ou de l'incrédulité à la foi, d'une piété traditionnelle à l'assurance consciente du pardon et de la paix de Dieu ainsi qu'à une vie nouvelle, nous ne pourrions nous empêcher de reconnaître :

1° Le fait de la conversion ;

2° Que la conversion peut à la fois tenir du genre lent et du genre rapide ; selon qu'on la considère dans ce qui l'a amenée ou dans le moment précis où l'âme, convaincue et résolue, s'est livrée à la grâce de Dieu et à l'action de l'Esprit.

3° Qu'infiniment divers sont les moyens dont Dieu se sert pour éclairer, convaincre, conduire l'homme à la conversion.

Il faudrait, cependant, que ces convertis fussent pris dans des milieux différents ; qu'ils fussent de générations, d'Églises, de régions diverses. Je préférerais aussi qu'ils fussent ni des écrivains ni des prédicateurs. Non que je soupçonne ces spécialistes, de la plume ou de la parole de manquer de sincérité, mais parce que je craindrais que les uns missent dans leur récit un peu de littérature, les autres un peu du style apprêté et emphatique de la chaire.

Imprévue, spontanée, tenant ici du miracle, la conversion nous paraîtrait là lente, parfaitement ordonnée et presque naturelle. On apprendrait que des gens se sont vus convertis sans savoir seulement ni quand, ni comment, ni où ; comme si Dieu avait tout fait, comme si de Lui, par Lui et pour Lui étaient toutes choses. Que d'autres peuvent en préciser le lieu, l'occasion ; dire qu'ils se sont fait violence pour entrer par la porte étroite. Ceux-ci parleraient d'épreuves, de conviction de péché, de soif de justice, de luttes, de délivrance, ceux-là, non.

Il nous suffit d'évoquer « le chemin de Damas » pour que la conversion de Saul de Tarse passe sous nos yeux, el la mention de la soirée du 24 mai 1738, à Aldersgate Street, suffit pour rappeler aux wesleyens le dénouement subit d'une longue crise religieuse chez Wesley ; le moment précis de l'afflux dans son âme, d'une vie nouvelle. C'est conforme à la vérité ; c'est commode pour la rapidité du discours. Mais cela n'exclut pas ce qui a précédé ces instants pathétiques dans la vie des deux éminents serviteurs de Dieu ; et n'implique pas du tout que ceux qui y pensent tiennent pour insignifiant ce qui avait précédé et ce qui devait suivre.

Quand Saul persécutait les chrétiens, approuvait le meurtre d'Etienne, ravageait l'Église, pénétrait dans les maisons, entraînant hommes et femmes de force et les envoyant en prison, la patience des persécutés, le spectacle de leur vie de famille, leur fidélité ne lui dirent-ils rien ? Sur la route de Damas, chargé d'une terrible mission pour les synagogues et les disciples de cette ville, n'entendit-il pas d'autres voix que celles des soldats qui l'escortaient et qui devaient l'assister ? L'élève de Gamaliel, le logicien qu'il portait en lui, n'eut-il pas le temps et l'occasion de faire des réflexions, de sentir son assurance de persécuteur ébranlée ? Ne se trouvait-il pas mûr pour recevoir le coup qui devait le jeter par terre, l'éblouir et lui faire crier : « Qui es-tu, Seigneur ? »

Et quand nous lisons, de Wesley : « Vers neuf heures moins un quart, en entendant la description qu'il fait (Luther) du changement que Dieu opère dans le cœur par la foi en Christ, je sentis que mon cœur se réchauffait étrangement. Je sentis que je me confiais en Christ, en Christ seul pour mon salut ; et je reçus l'assurance qu'il avait ôté *mes* péchés et qu'il *me* sauvait de la loi du péché et de la mort », ce qu'a de soudain cette consciente assurance pourrait-il nous faire oublier qu'elle est le déclanchement d'une émotion, d'une confiance longtemps retenues, et qui ne demandaient qu'à jaillir enfin ? Il y a des courants et des nappes d'eau insoupçonnés dans les profondeurs du sol, mais qu'un coup de pioche fait parfois jaillir en un flot impétueux. Par les jours de grand calme, on voit quelquefois un léger frisson agiter la cime des arbres ou rider la face des eaux. Ainsi souffle l'Esprit, même quand le temps est lourd et chaud et qu'il faut regarder très haut pour s'en rendre compte. Ainsi, il arrive que le fond d'une âme desséchée et stérile en apparence, recèle une source intérieure.

Qui peut connaître tant soit peu J. Wesley, sans savoir que sa mère avait eu très particulièrement en vue sa vocation religieuse et avait assidûment prié pour lui ? On sait que la lecture de livres graves, comme l'*Imitation de Jésus-Christ,* de Kempis, les *Règles pour vivre et mourir saintement,* de Jérémie Taylor, les ouvrages de William Law, avaient nourri la piété de sa jeunesse et qu'il les avaient discutés avec sa mère. Qu'il avait fait ; au cours de sa mission en Géorgie, de douloureuses expériences sur la stérilité de son ministère, l'insuffisance des rites et d'une sévère discipline pour apporter à l'âme la paix de Dieu. Et surtout, on connaît son heureuse découverte des Moraves, gens simples et éprouvés, qui possédaient justement ce qu'il cherchait. D'eux il apprit qu'on peut n'avoir pas peur de mourir ; que là où la foi vivante existe, elle produit son fruit de vie nouvelle sanctifiée ; que cette foi n'est pas seulement une adhésion au *Credo,* une soumission, une discipline, mais une « confiance ferme que l'âme place en Dieu qui l'assure que ses péchés lui sont pardonnés par les mérites de Christ et qu'elle est réconciliée avec Dieu » . Il lui a fallu dix, douze, quinze ans pour apprendre, accepter, croire cela ! Est-ce étonnant qu'à un moment précis, sous l'effet d'une lecture appropriée, dans une atmosphère religieuse favorable, l'âme de Wesley soit inondée de lumière et entre dans « la liberté glorieuse des enfants de Dieu » ?

Qu'on me permette de m'attarder encore un peu à marquer les points de cette grande journée :

1° De bon matin, Wesley ouvrit son Nouveau Testament. Deux paroles lui sautent aux yeux. Toutes les deux de nature à ranimer sa foi ;

2° Dans l'après-midi, quelqu'un l'invite à aller à la cathédrale de Saint-Paul. La liturgie du jour semble avoir été préparée pour exprimer ses besoins, sa prière, « On m'invita », nous a-t-il dit. Il faut retenir ce détail. Il n'y serait pas allé de lui-même ;

3° Le soir, c'est à contre-cœur qu'il va à la réunion où sa prière et sa longue attente seront exaucées : « A contre-cœur ».

Encore un trait à noter… Qu'est-ce qui le retenait ? Peut-être s'en est-il fallu de peu qu'il n'y allât pas ! Ici, il fut en plein non-conformisme et même en pleine dissidence : rien d'imposant, rien de liturgique, rien d'officiel ! L'agrégé d'Oxford est parmi les « deux ou trois » réunis au nom de Christ, auxquels le Christ lui-même a promis solennellement sa présence. Or, là où est l'Esprit de Christ, la foi et l'amour, le miracle de la régénération, de la nouvelle naissance, peut s'accomplir.

Dieu s'est servi, ce jour-là, de la Bible, de l'Église, de la réunion intime du soir pour mettre son sceau sur l'œuvre de salut commencée depuis longtemps dans l'âme de John Wesley. De la Bible, que l'ardent chercheur avait l'habitude de lire de bon matin ; de l'Église, dont les cérémonies, les traditions lui étaient chères ; de l'Assemblée des croyants, où l'on prie les uns pour les autres, où l'on peut confesser ses péchés les uns aux autres et être plus complètement éclairé par quelque lecture appropriée, quelque témoignage fraternel.

Je ne serais pas loin de voir, dans le récit de cette conversion, une parabole. C'est quelque chose, c'est même beaucoup, de lire les Réformateurs et de vivre dans le voisinage du temple. La Tradition et l'Histoire créent déjà une atmosphère religieuse de lumière et de pureté. Les pierres parlent, les cloches, les orgues, la liturgie éveillent des harmonies profondes au fond du cœur. Mais il faut aussi la Bible et la Réunion pour nous rapprocher de Dieu, répondre à notre besoin de pardon, de régénération, de certitude. Aucun de ces moyens d'entrer et de vivre dans la communion de Dieu et de nos frères n'est de trop. Selon les tempéraments ou les circonstances, leur action peut varier. Nous ne devrions jamais considérer l'un ou l'autre comme exclusif, ni inutile. Si nous étions sages, nous les garde-rions el nous les pratiquerions tous les quatre : *la Bible, l'Histoire, l'Église, l'Assemblée des croyants.*

$\int$ on fruit

Peu de jours avant le 24 mai 1738, alors que John Wesley, découragé et convaincu que sa foi n'avait encore produit ni le sentiment de pardon, ni celui de régénération, ni la certitude de salut, voulait cesser de prêcher, le ministre morave, Pierre Boehler, lui conseilla : « Prêchez la foi en *attendant* que vous l'ayez, vous la prêcherez ensuite parce que vous l'aurez. » Le conseil était sage ; il répondait à un trait bien caractérisé de la nature du prédicateur angoissé. Son récit de la réunion au cours de laquelle son âme fut libérée s'achève par ces quelques lignes : « Je me mis alors à prier de toutes mes forces pour ceux qui m'avaient le plus outragé et persécuté. Puis je rendis témoignage ou- vertement, devant les personnes présentes, de ce que j'éprouvais en mon cœur pour la première fois ».

Dès lors et pendant cinquante ans, Wesley prêcha que « la grâce de Dieu, salutaire à tous les hommes, a été manifestée » ; que « nous sommes sauvés par la grâce et par le moyen de la foi » ; que « celui qui croit a le témoignage en soi-même, l'Esprit rendant témoignage avec notre esprit que nous sommes enfants de Dieu » ; que « celui qui est né de Dieu ne pèche point ». Cela, il le fit par tous les temps, avec une inlassable régularité et un zèle apostolique, sans se laisser arrêter par rien. On vit donc ce petit homme, toujours occupé, ordonné et maître de lui, chevaucher par toute l'étendue des Iles Britanniques, couvrant une moyenne de vingt kilomètres et prêchant généralement trois fois par jour, établissant et visitant ses « sociétés » et ses « classes » pour le développement spirituel des gens que sa prédication ou celle de ses collaborateurs avait touchés. Chemin faisant, il subit sans broncher les avanies et les persécutions du clergé anglican, plus cruelles, pour lui, que celles des mécréants. Il endura la pluie, le froid, le chaud, l'inconfort des chemins et des auberges. Il lisait avec avidité en selle, au risque de se casser le cou ; éditait de nombreux livres ; adoptait, révisait ou composait des cantiques ; dirigeait d'autorité ses sociétés et ses prédicateurs ; se laissait piteusement marier, ce qui ne fut pas la moindre de ses épreuves : le prêtre anglican était changé en un prophète de l'Éternel, le ritualiste agressif de la Géorgie en héraut de l'Agneau de Dieu qui ôte le péché du monde, l'agrégé de l'Université d'Oxford en ambassadeur de Dieu.

Sans doute, pendant longtemps, beaucoup de ses contemporains ne voulurent voir en lui qu'un évangéliste ambulant, fanatique et sans importance. L'Histoire en a jugé autrement. Non seulement parce qu'à sa mort cet homme intrépide avait conquis l'estime et la vénération de ses concitoyens, ou parce qu'il laissait, en marge de l'Église anglicane, soit en Grande-Bretagne, soit en Amérique, plus de cent vingt mille méthodistes et plus de cinq cents prédicateurs itinérants, mais parce qu'il avait vivifié la foi dans toute l'étendue de son pays, lui avait épargné une révolution et était devenu la plus grande figure religieuse de son siècle.

Dans l'impossibilité où je me vois de suivre, même à très grands pas, la longue carrière évangélique de Wesley, pour en marquer quelques étapes et en relever quelques faits saillants, je vais rappeler un trait de sa vie, noté d'ailleurs par Matthieu Lelièvre, qui nous le montre sous un jour que ceux qui ne voient que le prédicateur des vastes assemblées en plein air et le fondateur du Méthodisme œcuménique d'aujourd'hui risquent de perdre de vue, et citer deux témoignages qui n'ont pas été rapportés par l'auteur français de la *Vie de Wesley* et sont peu connus parmi nous. L'un du célèbre pasteur congrégationaliste de la fin du siècle passé, Dr R.-W. Dale, de Birmingham, l'autre tout simplement de Sainte-Beuve. C'est à dessein que j'ai choisi ces deux derniers parmi les jugements non-méthodistes dignes d'attention. Celui du pasteur nous montre-ra l'action spirituelle de la prédication wesleyenne parmi les classes moyennes et industrielles de l'Angleterre ; celui du cé-lèbre critique n'est pas du même ordre, mais indique assez bien l'un des secrets de l'expansion du méthodisme dans le monde non-chrétien, et de son succès étendu dans l'Amérique de la première moitié du siècle passé.

Un jour que la pluie tombait à torrents, Wesley dut cher-cher un abri pour ses auditeurs et pour lui-même. Comme cha-cun avait peur de se compromettre, il ne fait accueilli que chez une femme ayant quitté son mari et vivant dans l'inconduite. Inspiré d'en haut, il parla à la petite assemblée sur la pécheresse pardonnée de l'Évangile. Sa parole toucha le cœur de la mal-heureuse qui lui demanda : « Que dois-je faire pour être sau-vée ? » — « Rompez avec votre vie et retournez auprès de celui que vous avez offensé » , lui conseilla le prédicateur. Comme elle redoutait ce retour, le zélé missionnaire lui offrit un che-val et l'accompagna. Et le voilà faisant une centaine de milles en cette compagnie, pour ramener au bercail une brebis perdue.

Je cite maintenant Sainte-Beuve qui, dans une Note de son *Port-Royal,* vol. I, p. 294-295, 7° éd., Hachette, 1908, a fait un rapprochement ingénieux. Il venait d'écrire que le jansénisme naquit avec un boulet au pied, saint Augustin, et qu'il ne put émigrer comme il l'aurait fait s'il s'en était tenu à saint Paul, dont la doctrine chrétienne est très portative, courte, aiguë et pénétrante (ce sont ses expressions). Il ajoute : « Que l'on veuille bien y songer : le missionnaire méthodiste part avec sa Bible, avec les évangiles et les épîtres ; il n'a pas besoin de plus pour s'inspirer… Mais le Janséniste, qui est à la fois biblique et soi-disant catholique, qui croit en saint Paul, mais qui veut le démontrer par un docteur, par un des Pères, afin de prouver aux autres catholiques que, lui-même, il est dans la vraie tradition, se trouve à tout moment empêché et encombré. Ainsi, ce que fut le méthodisme sous ses diverses formes en Angleterre, en Amérique, en Suisse, ce qu'il est encore en certains pays, le jansénisme ne l'aurait pu devenir : trop de liens le retenaient… Outre saint Paul, il lui fallait emporter avec lui saint Augustin, c'était trop lourd. »

C'est au cours d'une prédication que le Dr Dale évoqua la doctrine et les premiers triomphes religieux du méthodisme. Ma pauvre traduction ne peut rendre justice à l'éloquence du célèbre pasteur et au souffle qui animait toute cette partie de son discours :

> … Ses chefs des premières générations ensei-
> gnaient qu'il était possible aux croyants d'avoir
> quelque chose de plus qu'une timide espérance de
> pardon de leurs péchés ; qu'ils ne devaient se
> donner aucun repos avant d'être persuadés qu'ils
> étaient affranchis du présent siècle mauvais et in-

troduits dans le Royaume de Dieu. Les premiers méthodistes reçurent cet enseignement. Ils crurent à l'assurance du salut, et cette foi contribua beaucoup à la joie, à l'énergie, à la sainteté de leur vie chrétienne. Ils priaient intensément, véhémentement, pour obtenir cette assurance.

Ainsi se forma une nombreuse cohorte de prédicateurs, un bon nombre assez peu instruits. Ils savaient peu, mais assez pour être des témoins ; ils savaient ce qu'ils étaient jadis et ce qu'ils étaient devenus, et ils étaient ardents à rendre témoignage au pouvoir de la grâce. Ils étaient sûrs de cela et étaient anxieux d'en donner gloire au Dieu qui les avait rachetés. Ils ne le faisaient pas seulement dans leurs « classes », leurs « agapes », leurs assemblées religieuses, mais partout : le frère parlait à son frère, la sœur à sa sœur, les parents à leurs enfants, l'ami à son ami. Le feu divin pétillait et s'étendait. Bientôt, la plus grande partie de l'Angleterre, du Pays de Galles, de l'Ecosse et même de l'Amérique était en flammes. La situation religieuse du pays. paraissait désespérée. De froids et savants philosophes sonnaient le glas de la foi chrétienne, des écrivains affirmaient que le témoignage des quatre évangiles était discrédité, et voici qu'au lieu des quatre évangélistes et d'un clergé qui avait perdu son emprise sur les âmes, se lèvent des centaines et des milliers de témoins ! … Alors la foi, qui semblait éteinte, se ranima, courageuse, ardente, triomphante.

Nous pouvons demeurer sur ces trois dépositions. Elles sont catégoriques et leur sincérité ne peut être contestée.

CHAPITRE IV

Son enseignement

Peut-être pourrais-je laisser au lecteur le soin de conclure. D'autant plus qu'en rappelant cette histoire vieille de deux cents ans, j'ai bien laissé voir que j'avais un autre souci que celui de rafraîchir la mémoire de gens d'aujourd'hui. Je craindrais, toutefois, de n'avoir point assez accentué trois points qui me paraissent essentiels et d'avoir l'air d'ignorer deux objections sérieuses.

Commençons par les objections.

Wesley, me souffle-t-on, était Anglais. Son action a été féconde, remarquablement profonde et étendue, dans les pays de race anglo-saxonne ou chez les peuples peu évolués. Nous sommes Français, donc de mentalité différente. — Parfaitement, et j'ai déjà qualifié cette objection de sérieuse. Aussi, je ne pense pas du tout à une imitation qui ne tiendrait assez compte de cette différence d'âge, de tradition et de race. C'est à l'inspiration, à l'esprit wesleyen que je tiens. C'est à ce que les hommes de tous les temps et de tous les peuples ont de commun que je regarde. Et c'est de ce point de vue que l'histoire de la conversion évangélique de Wesley et ce qui s'en suivit me paraît intéressant.

Nous savons ce que l'Angleterre était dans la première moitié du XVIII° siècle. Notre caractère national, notre éducation plutôt catholique et athée, maintenant frivole et mondaine, ainsi que la faiblesse numérique de notre protestantisme sont-ils des obstacles insurmontables à un redressement et à un Réveil religieux ? Ce redressement, ce Réveil étaient-ils plus probables dans la Grande-Bretagne d'il y a deux cents ans que chez nous à cette heure ? Est-ce que la France, où s'est longtemps maintenue la forme la plus austère du protestantisme, serait incorrigiblement frivole ? Est-ce que la race qui a donné au monde les galériens, les déportés, les huguenots serait dépourvue de sentiment religieux et inconvertible ? Cela ne me paraît pas prouvé.

On objecte encore : La prédication wesleyenne ne fut-elle pas excessive dans son zèle à provoquer des conversions irréfléchies, insuffisamment préparées ? N'eut-elle pas, sur des systèmes nerveux débiles, sur des esprits inquiets et agités, une action plutôt regrettable ? — Il est certain que, parmi les collaborateurs de Wesley, il y en eut qui furent moins pondérés, moins intelligents et plus émotifs que lui. Il resterait à savoir si les réalités spirituelles que nous professons de croire, les dangers de l'impiété, les promesses de grâce faites à la foi, ne devraient pas nous inspirer quelque véhémence et si le vin nouveau ne doit jamais faire éclater les vieilles outres. Ne pensez-vous pas qu'à chaque Pentecôte il s'est trouvé de bonnes gens pour faire entendre que les chrétiens vivants et conséquents sont « pleins de vin doux » ? J'ai lu ou entendu formuler cette malice, qui ne voulait qu'être spirituelle, mais qui ne laissait que trop paraître la pensée intime, par un vénéré professeur de théologie, nullement étranger à notre Réveil français du siècle dernier, à propos d'une Assemblée générale de Mission intérieure, à Codognan, qui ne fut coupable d'aucun fanatisme. Et n'avez-vous pas remarqué d'ailleurs, que tout bouillonnement produit une certaine écume ?

Le fameux journaliste W.-T. Stead, qui sombra avec le *Titanic,* eut un jour l'occasion de s'expliquer sur ce sujet. Il le fit avec sa brusquerie familière : « Il y a là, répondit-il, quelque chose de l'autre monde… Vous voyez des hommes et des femme s'effondrer et sangloter d'angoisse au moment où l'invisible les saisit… Ils savent qu'ils ne vivent pas comme ils devraient… Vous figurez-vous qu'on tire un paresseux de son lit en lui envoyant un trait d'astronomie, avec la démonstration que le soleil, en vertu d'une loi immuable, se lève à une heure fixe ? Le paresseux ne l'ignore pas, mais il trouve qu'en hiver la chaleur du lit est délicieuse. Il faudra donc le secouer, ou même le tirer de dessous ses couvertures. Tel est le rôle du Réveil religieux, il secoue. » Songeons aussi à Pascal. Il fut secoué, exalté : « Certiture, certitude… Joie, joie, pleurs de joie. » Pascal était Français et il ne s'était pas converti sous l'effet de la prédication wesleyenne, que je sache.

***

Voici maintenant ce que je crois devoir plus nettement indiquer :

1° La nécessité de la conversion pour tout homme qui veut être réconcilié avec Dieu, devenir son enfant.

Admettons tous les genres de conversion, les lentes et les rapides. Nous les trouvons également dans l'Écriture et dans l'histoire de l'Église de toujours et de partout. Ne cherchons pas quelles sont les meilleures, ni celles où l'on discerne davantage l'action de Dieu. Elles sont toutes bonnes si elles font de nous une nouvelle créature, un nouveau-né de l'Esprit. En fin de compte, elles doivent pouvoir être comparées à la nouvelle naissance, sans laquelle, a dit notre Sauveur, il est impossible d'entrer dans le Royaume de Dieu. Qu'elles soient une orientation, une décision, une lutte contre la chair et le sang, certes oui. Mais elles doivent être plus que cela : le passage des ténèbres à la lumière, de la puissance du péché à Dieu, de la mort à la vie.

Il est certain que la conversion garde son mystère ; que Dieu appelle, donne sa grâce et qu'en ce sens tout vient de Lui. Mais il n'est pas moins sûr que l'homme répond ou repousse cet appel, persévère dans la bonne voie ou s'en détourne, qu'il apporte au Père sa repentance, son acquiescement, sa foi, son obéissance, ou les refuse. IL est certain qu'en appelant aujourd'hui les hommes à la con- version, nous mettons plutôt l'accent sur le devoir, l'amour, que sur l'état de chute et l'état de péché ; que nous insistons davantage sur l'imitation de Jésus-Christ, le service de Dieu et de nos semblables, que sur le sacrifice expiatoire et rédempteur. Il me paraît, toutefois, que là où la conversion a porté son fruit de pardon, de paix, d'espérance et renouvellement, c'est lorsqu'elle s'est produite da une foi vivante au Christ, Fils unique de Dieu, mort pour nos offenses et Médiateur de la nouvelle Alliance.

2° Qu'il faut, à nos Églises et au monde, des convertis.

Qu'on m'entende bien : il ne s'agit pas d'écarter de l'Église les inconvertis ; même s'ils ne voient pas, pour le moment, le besoin de se convertir et n'en ont pas le moindre désir. Il faut qu'ils se sentent attachés à une famille spirituelle, ses fils, objets de son amour et de sa foi. Il ne s'agit pas non plus de trier l'ivraie du froment, ni de juger ce qui se passe dans les cœurs.

Mais il s'agit· de reconnaître que nos Églises sont plutôt formé d'inconvertis, hélas ! Que nous sommes en danger de trouver cela normal ; ce qui n'est pas chrétien. Dans notre souci de ne pas violenter les âmes, de n'être ni étroit, ni sectaire, ne les berçons-nous pas au lieu de les secouer ? Ne les endormons-nous pas au lieu de les réveiller ? Il y a une manière pieuse de parler et de faire, dans les entretiens particuliers comme dans les assemblées de culte, qui vaccine les âmes contre la crise de conversion, au lieu d'éveiller en elle le sentiment du péché.

Saint Paul se trouva un jour en présence d'un groupe de chrétiens pleins de bonnes intentions. Il discerna qu'il leur manquait quelque chose et leur demanda : « Avez-vous reçu le Saint-Esprit quand vous avez cru ? » Certains déficits de la piété contemporaine pourraient nous faire penser que la question ne serait pas inopportune en beaucoup de nos communautés. Nous souffrons d'un manque de joie et d'assurance du salut, d'un asservissement au péché et à ses tentations subtiles et brusques, d'une timidité à rendre notre témoignage et d'un flottement dans nos convictions.

3° Que, là où l'on a le souci d'obtenir des conversions et de créer un milieu propice au développement de la vie spirituelle des convertis, il ne faut pas se fier uniquement au culte dominical, quelque excellent qu'il soit, ni à des œuvres de jeunesse ou de portée spécifiquement sociale.

Wesley et ses amis comptaient sur la prédication pour réveiller les âmes. Mais ils nous paraissent avoir été moins pressés que nous de les renvoyer « consolées et bénies » . Ils leur donnaient le temps — eux, accusés de faire des conversions subites — de sentir leur état de péché, d'implorer leur pardon, de croire en Christ, dans un esprit de confiance complète. Le banc des pénitents n'existait encore pas, les *after-meetings,* que nous avons connus, non plus. On n'avait pas trouvé le moyen expéditif de faire lever ceux qui venaient de prendre la résolution de suivre et de servir Jésus, ou de leur faire signer un petit papier. Procédés qui peuvent cependant être bons dans certains cas et dans certaines circonstances.

Les âmes réveillées étaient-elles abandonnées à leurs remords et à leurs faiblesses ? Se bornait-on à leur conseiller de chercher le secours religieux dans la paroisse anglicane ou l'Église indépendante la plus proche ? Non pas. Que seraient-elles devenues, dans ces milieux, neuf fois sur dix — et je fais bonne mesure — hostiles au Réveil et réfrigérants ? Comment y auraient-elles été accueillies ? comprises ? On les engageait à se joindre à une « classe » à se rattacher à une « société ». Et c'est là, entre gens d'une même localité ou d'un même quartier souvent du même âge et du même sexe, dans une atmosphère faite de compréhension mutuelle et d'amour fraternel, de connaissance biblique, de prière et de religieuse ferveur, sous la direction de quelqu'un de mûr et d'expérimenté, que ces âmes étaient amenées souvent à l'état de salut conscient … « L'Esprit rendant témoignage à leur esprit qu'elles étaient enfants de Dieu », qu'elles étaient libérées de la servitude du péché et de la condamnation qui pesait sur elles. C'est encore dans ces « classes », dans ces « sociétés », que ces croyants se communiquaient leurs expériences religieuses, rendaient témoignage à l'amour sauveur, confessaient leurs fautes les uns aux autres, portaient les fardeaux les uns des autres, priaient les uns pour les autres.

Il y aurait fort à dire sur cette discipline de piété et de cure d'âme qui se résumait en une « Société » dont la « Classe », ou réunion d'expérience et de prière, était la cheville ouvrière. On sait que J. Wesley, anglican de tradition et conservateur de tempérament, aurait voulu s'en tenir là et demeurer dans le giron de l'Église d'Angleterre, qu'à son sens le Réveil devait vivifier. C'est l'attitude persécutrice et délibérément froide du clergé anglican qui l'obligea à entrer dans une voie qui devait conduire à la création d'une Église méthodiste tout à fait indépendante de l'anglicanisme. Un siècle plus tard, Charles Cook avait la même mission et les mêmes sentiments en venant évangéliser en France. Dans une mesure bien réduite, du fait des dimensions de l'œuvre, il rencontra, sauf de notables exceptions, la même froideur et la même opposition ; ses convertis aussi. Mais, à aucun prix, ni Wesley, ni Cook n'auraient consenti à se dessaisir de leur discipline, de cette pratique de piété et de moyens de grâce qu'ils estimaient indispensables pour l'œuvre du Réveil et le développement de ceux qui se donnaient à Dieu.

Les gens convertis ou désireux de l'être, surtout à l'époque de leur formation religieuse, et s'ils n'ont pas, dans leur famille, la sympathie et l'aide dont ils ont besoin, ne peuvent se contenter du culte proprement dit, des sacrements et du climat de beaucoup d'églises. Ils restent affamés et altérés. Il leur faut la communion fraternelle des réunions de prière et l'édification mutuelle. Il leur faut les exhortations, les appels, les allocutions plus persuasives des réunions d'évangélisation. Ils éprouveront un irrésistible besoin de rendre leur témoignage… Si l'atmosphère de leur église, l'attitude de leur pasteur ou des membres influents leur paraît froide ; si les traditions, les usages, les préjugés leur paraissent contraires à cette vie spirituelle qui bouillonne au dedans d'eux et dans laquelle ils discernent l'action de la grâce, ils iront ailleurs. On ver ra alors ce qui caractérisa la période du Réveil de la première moitié du siècle passé, et ce qui a été le trait des Réveils régionaux et locaux qui l'ont suivie : des Églises nouvelles se créer et donner à ces âmes ce que leur Église, ou l'Église établie, n'avait pas su leur offrir, ou même leur avait refusé.

Il m'a semblé qu'en ces temps de reconstitution et de rapprochement ecclésiastique, il valait la peine de l'indiquer d'un trait ferme.

$\mathcal{N}$otes bibliographiques

Nous croyons devoir indiquer ici quelques ouvrages de la bibliographie wesleyenne. Il en est beaucoup d'autres, mais ceux-ci nous paraissent suffisants et excellents pour la généralité des lecteurs. D'abord, les deux volumes de Matthieu Lelièvre, qu'on peut se procurer au Dépôt des Publications méthodistes, 16, rue Pierre-Demours, Paris (17°), qui sont bien ce qu'il y a de plus complet, de mieux fait et de plus autorisé sur le sujet. Pour la Belgique, s'adresser : Publications méthodistes, 5, rue du Champ de Mars, Bruxelles :

John Wesley, sa vie et son œuvre, 5° éd., 15 fr.

La théologie de Wesley, 7 fr. 50.

Pour ceux qui voudraient entendre une voix non méthodiste et puiser sur le Réveil méthodiste des informations à d'autres sources qu'à celles d'un fils spirituel de ce Réveil, nous voudrions recommander :

L'ouvrage, en deux volumes, du doyen Léon Maury : *Le Réveil religieux dans l'Église réformée de Genève et en France.* Il date, il est vrai, de 50 ans, et, sur quelques points, il aurait besoin d'être revu ; mais il est une étude sérieuse, un effort sincère de compréhension et de justice que l'on aura grand profit à lire ;

Le Réveil religieux du XVIII° siecle en Angleterre de J.-Alfred Porret, qui fut pasteur et professeur à Lausanne et à Genève. C'est une étude ; substance de conférences, au cours desquelles le souci de l'orateur était de ramener son Église à l'orthodoxie et à la vie spirituelle ;

La Réaction wesleyenne dans l'évolution protestante, du prêtre belge Maximin Piette, est un gros livre de 700 pages, dont le titre nouveau est : *John Wesley, sa réaction dans l'évolution protestante.* Le nouveau titre ne nous convient guère mieux que le précédent. Il vaut moins que le livre. L'œuvre mérite beaucoup d'éloges et nous n'hésitons pas à la recommander chaudement. L'auteur a remarquablement compris et aimé Wesley. Il a parlé de lui fort bien. Ce fut une thèse de doctorat, soutenue devant l'Université de Louvain, tout à fait érudite ; et, sauf sur la justification par la foi seule et la nuit du 24 mai 1738, auxquelles il ne fait pas une assez large place tout à fait digne du sujet ;

La Jeunesse de Wesley, d'Augustin Léger, docteur ès lettres, 1910, Hachette, est aussi un gros livre, avec *notes* et indications de sources, selon les règles de l'Ecole.

Dans le Tome I de l'*Histoire du Peuple anglais au XIX° siecle,* d'Elie Halévy, professeur à l'Ecole libre des sciences politiques, Hachette, 1912, se trouve un chapitre très compact consacré au rôle du Méthodisme : *l'Angleterre religieuse et les origines du Méthodisme au XVIII• siècle.*

Ces trois derniers ouvrages, sortis de plumes non-protestantes, abondants et précis, montrent bien la place que J. Wesley a su se faire dans des esprits français très étrangers au sien, et l'immense influence qu'il a exercée.

En langue anglaise, la littérature wesleyenne est innombrable.

Je me borne à signaler quelques ouvrages peu volumineux, à la fois érudits et populaires :

The mother of the Wesleys, by Rev. John Kirk ;

The living Wesley, of Dr. J.-H. Rigg ;

The spirit of Methodism, by Dr. Henry Bett, 1937 ;

The History of Methodism, by Abel Stevens (en 3 vol.), œuvre déjà ancienne, mais jouissant toujours de la vive estime du public et embrassant un vaste domaine.

$\mathcal{T}$able de matières